演習形式でわかりやすく学ぶ
「幼稚園教育要領」の要点
－平成29年3月告示「幼稚園教育要領」準拠－

小尾　麻希子　著

KINDERGARTEN EDUCATION GUIDELINES

一藝社

まえがき

　平成29年3月に新しい「幼稚園教育要領」「保育所保育指針」「幼保連携型認定こども園教育・保育要領」が告示された。また、同日告示となった「幼稚園教育要領」を含む学習指導要領等の改訂では、幼児教育から高等教育までの一貫した理念に基づいて、育成すべき資質・能力を軸に、教育内容等の改善への方向性が指し示された。教員・保育者養成を行う大学等においては、これら学校教育・保育改革の一連の流れを理解して、教員・保育者養成に努める必要がある。

　本書は、改訂された「幼稚園教育要領」の要点及びその要点に関連する演習問題を掲げて、養成校の授業における参考書として有効に活用されるように構成したものである。各章末尾掲載している演習問題は、いずれも、保育実践事例や実践映像、実践の場において作成された教育課程や指導計画等の実践的資料に基づいて探究できるような内容となっている。

　現在進められている幼児教育の改革の方向性を掴み、幼児教育において育みたい資質・能力に対する深い理解、質の高い保育の保障という現代的課題に対応できる教員・保育者養成に、そして、教員・保育者を志す学生の主体的な学びに本書が活用されることを願っている。

　平成30年3月

　　　　　　　　　　　　　　　　　　　　　　　　小尾　麻希子

目　次

まえがき　*2*

第1章　「幼稚園教育要領」の役割
第1節　「幼稚園教育要領」に示された幼稚園教育の目的　*5*
　　　　－人格形成の基礎を培う－
第2節　「幼稚園教育要領」の法的性格及び「基準性」　*7*

第2章　「幼稚園教育要領」等の変遷
第1節　国から出された最初の幼児教育に関する手引書「保育要領
　　　　－幼児教育の手びき－」　*10*
第2節　教育課程の基準としての「幼稚園教育要領」
　　　　－昭和31年から現行の「幼稚園教育要領」に至るまで－　*11*

第3章　平成29年3月告示「幼稚園教育要領」改訂の基本方針と改訂の背景
第1節　「幼稚園教育要領」改訂の基本方針　*16*
第2節　「幼稚園教育要領」改訂の背景　*19*

第4章　「幼稚園教育要領」に示された幼稚園教育の基本
第1節　「環境を通して行う」ことを基本とした教育　*21*
第2節　「幼児期の教育における見方・考え方」を生かした教育環境の創造　*23*
第3節　遊びを通して行う総合的な指導　*23*

第5章　幼稚園教育において育みたい資質・能力及び「幼児期の終わりまでに育ってほしい姿」
第1節　幼稚園教育において育みたい資質・能力　*26*
第2節　「幼児期の終わりまでに育ってほしい姿」　*29*

第6章　各領域に示された「ねらい及び内容」の考え方及び教育内容の改善・充実の方向性

第1節　各領域に示された「ねらい及び内容」の考え方　*32*
第2節　教育内容の改善・充実の方向性　*33*

幼稚園教育要領（全文）（平成29年告示）　*40*
著者紹介　*53*

第1章 「幼稚園教育要領」の役割

第1節 「幼稚園教育要領」に示された幼稚園教育の目的—人格形成の基礎を培う—

　「幼稚園教育要領」第1章総則「第1幼稚園教育の基本」において、「幼児期の教育は、生涯にわたる人格形成の基礎を培う重要なものであり、幼稚園教育は、学校教育法に規定する目的を達成するため、幼児期の特性を踏まえ、環境を通して行うものであることを基本とする」ことが示されている。「幼稚園教育要領」に示された幼稚園教育に対する根本的な考え方は、教育基本法及び学校教育法に依拠したものである。

　図表1及び図表2に示したように、教育基本法において、教育の目的は「人格の完成」を目指すところにある（第1条）と述べられ、その中で、幼児期の教育は「生涯にわたる人格形成の基礎を培う重要なもの」である（第11条）ことが明記されている。幼児期は、遊びや生活における様々な具体的な体験や経験を通して、情緒的な発達・運動能力の発達・言語の発達・知的な発達・社会性や生活力など、人間として、そして社会の一員としてよりよく生きていくための基礎を獲得する極めて重要な時期であることが示されているのである。

　「幼稚園教育要領」は、こうした幼児教育の重要性を示した教育基本法の考え方を受けて、「人格形成の基礎を培う」教育へと向かう教育課程の基準として、公布されたものであり、幼稚園教育を推進していく上で、極めて重要な役割をもつものである。

図表1　教育基本法（抄）（第1条及び第2条のみ抜粋）

教 育 基 本 法

平成 18 年 12 月 22 日法律第 120 号

第1章　教育の目的及び理念

（教育の目的）
第1条　教育は、人格の完成を目指し、平和で民主的な国家及び社会の形成者として必要な資質を備えた心身ともに健康な国民の育成を期して行われなければ ならない。
（教育の目標）
第2条　教育は、その目的を実現するため、学問の自由を尊重しつつ、次に掲げる目標を達成するよう行われるものとする。
 1　幅広い知識と教養を身に付け、真理を求める態度を養い、豊かな情操と道徳心を培うとともに、健やかな身体を養うこと。
 2　個人の価値を尊重して、その能力を伸ばし、創造性を培い、自主及び自律の精神を養うとともに、職業及び生活との関連を重視し、勤労を重んずる態度を養うこと。
 3　正義と責任、男女の平等、自他の敬愛と協力を重んずるとともに、公共の精神に基づき、主体的に社会の形成に参画し、その発展に寄与する態度を養うこと。
 4　生命を尊び、自然を大切にし、環境の保全に寄与する態度を養うこと。
 5　伝統と文化を尊重し、それらをはぐくんできた我が国と郷土を愛するとともに、他国を尊重し、国際社会の平和と発展に寄与する態度を養うこと。

図表2　教育基本法（抄）（第6条及び第11条のみ抜粋）

教 育 基 本 法

平成 18 年 12 月 22 日法律第 120 号

第2章　教育の実施に関する基本

（学校教育）
第6条　法律に定める学校は、公の性質を有するものであって、国、地方公共団体及び法律に定める法人のみが、これを設置することができる。
 2　前項の学校においては、教育の目標が達成されるよう、教育を受け

> る者の心身の発達に応じて、体系的な教育が組織的に行われなければならない。この場合において、教育を受ける者が、学校生活を営む上で必要な規律を重んずるとともに、自ら進んで学習に取り組む意欲を高めることを重視して行われなければならない。
>
> 　　　　　　　　　　　　　　　　　（中略）
>
> （幼児期の教育）
> 第11条　幼児期の教育は、生涯にわたる人格形成の基礎を培う重要なものであることにかんがみ、国及び地方公共団体は、幼児の健やかな成長に資する良好な環境の整備その他適当な方法によって、その振興に努めなければならない。

第2節　「幼稚園教育要領」の法的性格及び「基準性」

　学習指導要領等（幼稚園においては「幼稚園教育要領」）は、学校教育の水準を確保するために、学校教育法及び同施行規則の規定に基づいて、文部科学大臣が教育課程の基準として示すものである。図表3及び図表4に示したように、幼稚園の教育課程に関する事項は、学校教育法においては第25条に、学校教育法施行規則においては第38条に規定されている。そのため、「幼稚園教育要領」第1章総則「第3教育課程の役割と編成等」には、「各幼稚園においては、教育基本法及び学校教育法その他の法令並びにこの幼稚園教育要領の示すところに従い、創意工夫を生かし、幼児の心身の発達と幼稚園及び地域の実態に即応した適切な教育課程を編成するものとする」ことが明記されている。「幼稚園教育要領」は、教育課程の基準として、法的拘束力をもつものである。

　各幼稚園において、教育課程の編成及び実施を行うにあたっては、「幼稚園教育要領」に従わなければならない。同時に、幼児や地域の実態等に応じて、学習指導要領に示していない内容を加えて指導することも可能である（学習指導要領等の「基準性」と呼ばれている）。また、「幼稚園教育要領」の第2章に示す「ねらい及び内容」等は中核的な事項にと

どめられ、大綱的なものとなっている。「幼稚園教育要領」が果たす役割は、「公の性質を有する幼稚園における教育水準を全国的に確保すること」にある。また、「各幼稚園がその特色を生かして創意工夫を重ね、長年にわたり積み重ねられてきた教育実践や学術研究の蓄積を生かしながら、幼児や地域の現状や課題を捉え、家庭や地域社会と協力して、幼稚園教育要領を踏まえた教育活動の更なる充実を図っていくこと」を期待するものでもある。

図表3　学校教育法（抄）（「第3章 幼稚園」のみ抜粋）

学校教育法

昭和 22 年 3 月 31 日法律第 26 号
改正：平成 28 年 5 月 20 日法律第 47 号

第 3 章　幼稚園

第 22 条　幼稚園は、義務教育及びその後の教育の基礎を培うものとして、幼児を保育し、幼児の健やかな成長のために適当な環境を与えて、その心身の発達を助長することを目的とする。

第 23 条　幼稚園における教育は、前条に規定する目的を実現するため、次に掲げる目標を達成するよう行われるものとする。
1　健康、安全で幸福な生活のために必要な基本的な習慣を養い、身体諸機能の調和的発達を図ること。
2　集団生活を通じて、喜んでこれに参加する態度を養うとともに家族や身近な人への信頼感を深め、自主、自律及び協同の精神並びに規範意識の芽生えを養うこと。
3　身近な社会生活、生命及び自然に対する興味を養い、それらに対する正しい理解と態度及び思考力の芽生えを養うこと。
4　日常の会話や、絵本、童話等に親しむことを通じて、言葉の使い方を正しく導くとともに、相手の話を理解しようとする態度を養うこと。
5　音楽、身体による表現、造形等に親しむことを通じて、豊かな感性と表現力の芽生えを養うこと。

第 24 条　幼稚園においては、第 22 条に規定する目的を実現するための教育を行うほか、幼児期の教育に関する各般の問題につき、保護者及び地域住民その他の関係者からの相談に応じ、必要な情報の提供及び助言を行うなど、家庭及び地域における幼児期の教育の支援に努めるも

のとする。

第25条　幼稚園の教育課程その他の保育内容に関する事項は、第22条及び第23条の規定に従い、文部科学大臣が定める。

図表4　学校教育法施行規則（抄）（「第3章 幼稚園」のみ抜粋）

学校教育法施行規則

昭和22年5月23日文部省令第11号
改正：平成29年3月31日文部科学省令第20号

第3章　幼稚園

第37条　幼稚園の毎学年の教育週数は、特別の事情のある場合を除き、39週を下ってはならない。

第38条　幼稚園の教育課程その他の保育内容については、この章に定めるもののほか、教育課程その他の保育内容の基準として文部科学大臣が別に公示する幼稚園教育要領によるものとする。

【引用・参考文献】

文部科学省『幼稚園教育要領』フレーベル館、2017年、pp.3-4

【演習1】

「人格形成の基礎を培う教育」とは、どのような幼児教育を意味するのか、保育実践事例や映像を通して、具体的にイメージしてみましょう。

【演習2】

実際に、幼稚園においてどのような教育課程が編成されているのか調べましょう。また、教育課程を編成する上での基本的事項及び留意事項について確認しましょう。

第2章　「幼稚園教育要領」等の変遷

第1節　国から出された最初の幼児教育に関する手引書「保育要領―幼児教育の手びき―」

　国から出された最初の幼児教育に関する手引書は、昭和23年に刊行された「保育要領―幼児教育の手びき―」である。「保育要領」は、第二次世界大戦後の翌年、昭和21年制定の日本国憲法及び昭和22年制定の教育基本法を受けて作成されたものであり、民主主義教育への転換を保育の理念・内容・方法において明らかにした最初の文書として評価されるものであった。保育内容には、「楽しい幼児の経験」という副題が示され、子供の生活（遊び）を中心とした保育の重要性が強調されている。保育内容は、「見学」「リズム」「休息」「自由遊び」「音楽」「お話」「絵画」「製作」「自然観察」「ごっこ遊び・劇遊び・人形芝居」「健康保育」「年中行事」の12項目からなり、子供の意欲や自発性に基づいて、遊びを楽しく経験できるようにすることがよいとされた。しかし、その児童中心主義的な発想に対する批判も生まれていた。

第2節 教育課程の基準としての「幼稚園教育要領」―昭和31年から現行の「幼稚園教育要領」に至るまで―

1 昭和31年刊行「幼稚園教育要領」

実質上の「保育要領」の改訂として、「幼稚園教育要領」が刊行されたのは、昭和31年のことである。図表5において、「保育要領」から現行の「幼稚園教育要領」に至るまでの改訂のポイントを示した。昭和31年刊行の「幼稚園教育要領」では、保育内容と目標のつながりや、教育内容の系統性と組織化を図ることが意図され、幼稚園における教育課程の基準としての性格を踏まえたものとして刊行されるに至ったのである。この昭和31年刊行「幼稚園教育要領」の特徴は、学校教育法に掲げる目的・目標にしたがい、教育内容を「望ましい経験」として、6領域（健康、社会、自然、言語、音楽リズム、絵画製作）の観点から示した点にある。

2 昭和39年改訂「幼稚園教育要領」

昭和39年に、「幼稚園教育要領」の第一次改訂が行われた。この改訂から文部省告示となり、「幼稚園教育要領」は、幼稚園における教育課程の基準として確立することとなった。改訂のポイントとして、各領域には、「望ましい経験」ではなく、「幼稚園終了までに幼児に指導することが望ましいねらい」が示された。また、6領域を総合的に捉えた総合的な経験や活動により「ねらい」が達成されるものであることを強調した。

3 平成元年改訂「幼稚園教育要領」

幼稚園教育に対する考え方を大きく転換させたのは、平成元年改訂の

「幼稚園教育要領」であるといわれている。この平成元年改訂「幼稚園教育要領」において、「環境を通して行う」ことを基本とした幼稚園教育への転換が大きく打ち出され、「望ましい経験や活動」をさせようとする保育者主導の保育から、幼児一人一人の主体性を重視した保育へと転換する方向性が指し示されたのである。

「望ましい経験や活動」としての領域は、「幼児の発達を捉える視点」として考えられるようになり、「健康」「人間関係」「環境」「言葉」「表現」の5領域へと変更された。この平成元年改訂「幼稚園教育要領」の基本的な考え方は、平成10年以降の「幼稚園教育要領」へと受け継がれている。

4 　平成10年改訂「幼稚園教育要領」

平成10年改訂の「幼稚園教育要領」では、平成元年改訂「幼稚園教育要領」の基本的な考え方を継承し、幼稚園教育は、「環境を通して行う」ことを基本とするとした。改訂において強調されたのは、保育者による計画的な環境構成や保育者の役割についてである。また、社会的な要請を踏まえて、幼稚園における子育て支援活動や預かり保育などについての記載が加えられ、幼稚園運営の弾力化が図られた。

5 　平成20年改訂「幼稚園教育要領」

平成20年改訂の「幼稚園教育要領」においても、平成元年以降の「幼稚園教育要領」の基本的な考え方が踏襲されている。改訂において重視されたのは、子供の発達や学びの連続性を踏まえた幼稚園教育と小学校教育の円滑な接続、幼稚園と家庭との連携、子育て支援活動や預かり保育の充実などである。

6 　平成29年改訂「幼稚園教育要領」

平成29年改訂の「幼稚園教育要領」では、平成元年以降の「幼稚園

教育要領」の基本的な考え方を踏襲するとともに、幼稚園教育において育みたい資質・能力の明確化や、教育課程に基づき組織的・計画的に教育活動の質の向上を図ること、幼児理解に基づいた評価の実施などについて明示し、「総則」を改善・充実させた。また、「幼児期の終わりまでに育ってほしい姿」の明確化など、幼稚園教育と小学校教育との接続をより一層推進するよう示唆するものとなった。さらには、近年の子供の育ちをめぐる環境の変化を踏まえた教育内容の改善・充実という点にも及んで示唆を与えるものとなった。

図表5　「幼稚園教育要領等の変遷」

刊行・改訂年	幼稚園教育要領等改訂のポイント
昭和23年刊行	**保育要領（文部省刊行）** ・国として作成した最初の幼稚園・保育所・家庭における幼児教育の手引（手引書的性格の試案） ・幼児期の発達の特質、生活指導、生活環境等について解説 ・保育内容を「楽しい幼児の経験」として12項目に分けて示す
昭和31年刊行	**幼稚園教育要領（文部省編集）** (実施) 昭和31年4月1日実施 ・幼稚園の教育課程の基準としての性格を踏まえた改善 ・学校教育法に掲げる目的・目標にしたがい、教育内容を「望ましい経験」(6領域（健康、社会、自然、言語、音楽リズム、絵画製作））として示す ・小学校との一貫性を配慮
昭和39年改訂	**幼稚園教育要領（文部省告示）** (実施) 昭和31年4月1日実施 ・幼稚園教育の課程の基準として確立（初の告示化） ・教育内容を精選し、原則として幼稚園修了までに幼児に指導することを「望ましいねらい」として明示 ・6領域にとらわれない総合的な経験や活動により「ねらい」が達成されるものであることを明示 ・「指導及び指導計画作成上の留意事項」を示し、幼稚園教育の独自性を一層明確化

平成元年改訂	**幼稚園教育要領（文部省告示）** （実施）平成2年4月1日実施 ・「幼稚園教育は、幼児期の特性を踏まえ環境を通して行うものである」ことを「幼稚園教育の基本」として明示 ・幼稚園生活の全体を通してねらいが総合的に達成されるよう、具体的な教育目標を示す「ねらい」とそれを達成するための教師が指導する「内容」を区別し、その関係を明確化 ・6領域を5領域（健康、人間関係、環境、言葉、表現）に再編成し整理
平成10年改訂	**幼稚園教育要領（文部省告示）** （実施）平成12年4月1日実施 ・教師が計画的に環境を構成すべきことや活動の場面に応じて様々な役割を果たすべきことを明確化 ・教育課程を編成する際には、自我が芽生え、他者の存在を意識し、自己を抑制しようとする気持ちが生まれる幼児期の発達の特性を踏まえることを明示 ・各領域の「留意事項」について、その内容の重要性を踏まえ、その名称を「内容の取扱い」に変更 ・「指導計画作成上の留意事項」に、小学校との連携、子育て支援活動、預かり保育について明示
平成20年改訂	**幼稚園教育要領（文部省告示）** （実施）平成21年4月1日実施 ・幼小の円滑な接続を図るため、規範意識や思考力の芽生えなどに関する指導を充実 ・幼稚園と家庭の連続性を確保するため、幼児の家庭での生活経験に配慮した指導や保護者の幼児期の教育の理解を深めるための活動を重視 ・預かり保育の具体的な留意事項を示すとともに、子育ての支援の具体的な活動を例示
平成29年改訂	**幼稚園教育要領（文部省告示）** （実施）平成30年4月1日実施 ・幼稚園教育において育みたい資質・能力の明確化や、教育課程に基づき組織的・計画的に教育活動の質の向上を図ること、幼児理解に基づいた評価の実施などについて明示し、「総則」を改善・充実 ・「幼児期の終わりまでに育ってほしい姿」の明確化など幼小の接続を一層推進

	・近年の子供の育ちをめぐる環境の変化を踏まえ、教育内容を改善・充実

［文部科学省、2017年］

【引用・参考文献】
文部科学省『幼稚園教育要領改訂と幼児教育充実のための施策』2017年、p4

【演習3】
　子供の育ちをめぐる家庭環境や社会状況の変化を受けて、各時代の「幼稚園教育要領」がどのような趣旨をもって改訂されたのか調べてみましょう。

第3章 平成29年3月告示「幼稚園教育要領」改訂の基本方針と改訂の背景

第1節 「幼稚園教育要領」改訂の基本方針

1 学習指導要領等改訂の基本方針

　平成29年3月告示の「幼稚園教育要領」、「小学校学習指導要領」及び「中学校学習指導要領」は、中央教育審議会答申を踏まえ、次の基本方針に基づいて改訂された。
（1）　改訂の基本的な考え方は、次の3点である。
　1)　子供たちが未来社会を切り拓くための資質・能力の一層確実な育成と、子供たちに求められる資質・能力とは何かを社会と共有し、連携する「社会に開かれた教育課程」を重視する。
　2)　知識の理解の質をさらに高めた確かな学力を育成する。
　3)　道徳教育の充実や体験活動の重視、体育・健康に関する指導の充実による豊かな心や健やかな体の育成を目指す。
（2）　育成を目指す資質・能力の明確化を図る。
（3）　「主体的・対話的で深い学び」の実現に向けた授業改善の推進
（4）　各学校におけるカリキュラム・マネジメントを推進する。
（5）　言語能力の確実な育成、伝統や文化に関する教育の充実、体験活動の充実など、教育内容の充実を図る。

2 「幼稚園教育要領」改訂の基本方針

「幼稚園教育要領」の改訂については、特に、基本方針に基づいて行われた。

(1) 「幼稚園教育において育みたい資質・能力」の明確化を図る。

「幼稚園教育において育みたい資質・能力」として、「知識及び技能の基礎」、「思考力、判断力、表現力等の基礎」、「学びに向かう力、人間性等」の3つを示し、「幼稚園教育要領」の第2章に示すねらい及び内容に基づく活動全体によって育むこととした。

(2) 小学校教育との円滑な接続を図る。

「幼児期の終わりまでに育ってほしい姿」(「健康な心と体」「自立心」「協同性」「道徳性・規範意識の芽生え」「社会生活との関わり」「思考力の芽生え」「自然との関わり・生命尊重」「数量や図形、標識や文字などへの関心・感覚」「言葉による伝え合い」「豊かな感性と表現」)を明確に示した。10の視点から整理されたこの姿は、幼稚園教員と小学校教員とで共有し、幼稚園教育と小学校教育との円滑な接続を図るものとして指し示された。

(3) 現代的な課題を踏まえた教育内容の見直しを図るとともに、預かり保育や子育て支援の充実を図る。

3 教育内容の改善・充実に関する事項

近年の子供の育ちをめぐる環境の変化等を踏まえ、教育内容は、特に、以下に示す事項について、改善・充実を図ることとした。

(1) 領域「健康」
○多様な動きを経験する中で、体の動きを調整するようにすること。

(2) 領域「人間関係」
○諦めずにやり遂げることの達成感や前向きな見通しをもって自分の力で行うことの充実感を味わうことができるようにする。

(3) 領域「環境」
○正月、わらべうたや伝統的な遊びなど我が国や地域社会における様々な文化や伝統に親しむこと。
(4) 領域「言葉」
○言葉の響きやリズム、新しい言葉や表現などに触れ、これらを使う楽しさを味わえるようにすること。
(5) 領域「表現」
○豊かな感性を養う際に、風の音や雨の音、身近にある草や花の形や色など自然の中にある音、形、色などに気付くようにすること。

　改訂された「幼稚園教育要領」、「小学校学習指導要領」及び「中学校学習指導要領」は、これまでの各学校の取組や成果を前提に、教え方や学び方の質をどう転換するかを問うものであったといわれている。「社会に開かれた教育課程」の実現を通して子供たちに必要な資質・能力を育成するという理念に基づいて改訂された学習指導要領等は、学校教育全体を通じて子供たちが身に付けるべき資質・能力や学ぶべき内容などの全体像を分かりやすく見渡した「学びの地図」として示されるものであった。「幼稚園教育要領」においても、幼稚園教育の基本原則を示す「総則」の抜本的な見直しが行われ、幼稚園教育とその後の学校教育との連続性を見通した教育活動の展開を明確に示唆するものとして告示された。その結果、同要領の総則には、小学校以降の学校段階と共通の３つの柱「知識及び技能の基礎」「思考力・判断力・表現力等の基礎」「学びに向かう力・人間性等」で整理した「幼稚園教育において育みたい資質・能力」、そして、小学校教育との接続を図る上で活用されるべき「幼児期の終わりまでに育ってほしい姿」が示され、小学校以降の学校段階における教育との接続のあり方が明確に規定されることとなったのである。

第2節 「幼稚園教育要領」改訂の背景

　「幼稚園教育要領」、「小学校学習指導要領」及び「中学校学習指導要領」の改訂に際して、中央教育審議会では、「近年顕著となってきているのは、知識・情報・技術をめぐる変化の速さが加速度的となり、情報化やグローバル化といった社会的変化が、人間の予測を超えて進展するようになってきていることである」点について指摘された。こうした社会の状況を踏まえて、「幼稚園教育要領」等は、「子供たちに、情報化やグローバル化など急激な社会的変化の中でも、未来の創り手となるために必要な資質・能力を確実に備えることのできる学校教育を実現する」ことを目指して改訂されることとなった。予測困難な時代に、「一人一人が未来の創り手」となる教育とは、中央協議会答申において、次のような観点から述べられている。

- ・感性を豊かに働かせながら、どのような未来を創っていくのか、どのように社会や人生をよりよいものにしていくのかという目的を自ら考え出す。
- ・場面や状況を理解して自ら目的を設定する。
- ・目的に応じて必要な情報を見出し、その情報を基に深く理解して、自分の考えをまとめたり、相手にふさわしい表現を工夫したりする。
- ・さらには、答えのない課題に対して、多様な他者と協働しながら目的に応じた納得解を見出したりする。

　さらには、こうした「未来の創り手」を育成する教育において重視されるべきこととして、次のように示されている。
- ・子供たち一人一人が、予測できない変化に受け身で対処するのではなく、主体的に向き合って関わり合い、その過程を通して、自らの

可能性を発揮し、よりよい社会と幸福な人生の創り手となっていけるようにすることが重要である。
・様々な情報や出来事を受け止め、主体的に判断しながら、自分を社会の中でどのように位置付け、社会をどう描くかを考え、他者と一緒に生き、課題を解決していくための力の育成が社会的な要請となっている。

　各学校園においては、これからの時代に求められる知識や力とは何かを明確にし、それを教育目標に盛り込んでいく。そして、学校と地域・家庭とがその教育目標を共有し、一体となって、子供たちに必要な資質・能力を育成していくのである。そうした教育のありようが、改訂の趣旨として示されている、「子供たちが未来社会を切り拓くための資質・能力の一層確実な育成と、子供たちに求められる資質・能力とは何かを社会と共有し、連携する」という「社会に開かれた教育課程」となるのである。

【引用・参考文献】
文部科学省『幼稚園教育要領改訂と幼児教育充実のための施策』2017年、
　　pp.5-9

【演習4】
　近年の子供の育ちをめぐる家庭環境や社会状況の変化についてあげ、その変化が子供の成長・発達にどのような影響を及ぼしているのか、話し合ってみましょう。

【演習5】
　近年の子供の育ちをめぐる家庭環境や社会状況の変化及び「幼稚園教育要領」改訂の基本方針を踏まえれば、どのような幼児教育が推進されるとよいのか、保育実践事例や映像を参考にして、具体的に話し合ってみましょう。

第4章 「幼稚園教育要領」に示された幼稚園教育の基本

第1節 「環境を通して行う」ことを基本とした教育

1 環境を通して行う教育の意義

　平成元年改訂の「幼稚園教育要領」において、「環境を通して行うものである」ことを基本とした幼稚園教育の方向性が打ち出されて以降、その基本は、現行の「幼稚園教育要領」においても堅持されている。

　一般に、「幼児期は自分の生活を離れて知識や技能を一方的に教えられて身に付けていく時期ではなく、生活の中で自分の興味や欲求に基づいた直接的・具体的な体験を通して、この時期にふさわしい生活を営むために必要なことが培われる時期である」ことが知られている。そのため、幼児期の教育においては、「幼児が生活を通して身近なあらゆる環境からの刺激を受け止め、自分から興味をもって環境に主体的に関わりながら、様々な活動を展開し、充実感や満足感を味わうという体験を重ねていくこと」が重視されなければならない。

　環境を通して行う教育とは、教師の教育的意図を込めた環境に幼児が主体的に関わり、考えたり試行錯誤したりすることを繰り返して遊び、生活しながら、幼児自ら発達に必要なものを獲得していこうとすることを意図した教育である。したがって、環境を通して行う教育は、「遊具や用具、素材だけを配置して、後は幼児の動くままに任せるといったものとは本質的に異なる」ものである。幼稚園教育においては、「学校教

育法に規定された目的や目標が達成されるよう、幼児期の発達の特性を踏まえ、幼児の生活の実情に即した教育内容を明らかにして、それらが生活を通して幼児の中に育てられるように計画性をもった適切な教育が行わなければならない」のである。

2　環境を通して行う教育の特質

(1) 環境を通して行う教育における幼児の主体性と教師の意図

「環境を通して行う」教育は、「幼児の主体性と教師の意図がバランスよく絡み合って成り立つ」ものである。教師には、「幼児が何に関心を抱いているのか、何に意欲的に取り組んでいるのか、あるいは取り組もうとしているのか、何に行き詰っているのか」など、幼児の生活する姿を捉え、その捉えた姿から、幼児の生活や発達を見通して指導の計画を立てることが求められる。

(2) 幼稚園教育における環境のもつ意味

幼稚園教育において、環境とは、単に物的環境のみを意味するものではない。幼稚園教育における環境とは、物的環境、自然環境、自然現象、人的環境、時間、空間、かもし出す雰囲気、さらには、地域社会の環境を活用した教育の展開という意味において、地域社会における自然・文化的環境をも包含して考えられるものである。

特に、教師は、人的環境として重要な意味をもつ。教師がモデルとして物的環境への関わりを示すことで、その物的環境に対する幼児の興味や関心が生み出され、さらには、幼児と環境とのより充実した関わりが生まれてくる。また、幼児一人ひとりにとって、他の幼児は、重要な人的環境である。幼児は、相互に刺激し合いながら、様々なものや事柄に対する興味や関心を深め、それらに関わる意欲を高めていく。人と関わる力や協同性、社会性を育む上においても、幼児同士で十分に関わりながら遊び、生活する経験は、重要な意味をもつものとなる。

第2節　「幼児期の教育における見方・考え方」を生かした教育環境の創造

　「幼児期の教育における見方・考え方」生かした教育とは、幼児が能動的に環境に働きかけながら、諸感覚を働かせ、試行錯誤したり、思いを巡らせたりしながら学んでいくという幼児期の発達の特性に応じた学びの過程を重んじる教育を意味する。幼稚園教育においては、このような「幼児期の教育における見方・考え方」を十分に生かしながら、幼児と教師で共によりよい教育環境を創造することが求められる。こうした見方・考え方を生かした教育が創造されるならば、環境を通して行う教育とは、教師が構成した環境に幼児が主体的に関わる教育を意味するだけでなく、幼児と教師で共に教育環境を創造することや、それらの環境を幼児にとって意味ある環境として作り変えていくことをも意図した教育として意味をもつものとなる。

　「幼児期の教育における見方・考え方」は、体験的理解や言葉などを基盤として育まれる。幼稚園においては、遊びや生活を通した総合的な指導を基盤とし、教師による意図的・計画的な人的・物的な環境の構成及び幼児期の発達の課題や幼児一人ひとりの発達の特性（その幼児らしい見方、考え方、感じ方、関わり方など）に即した指導を行って、こうした「見方・考え方」を育んでいくのである。

第3節　遊びを通して行う総合的な指導

　幼児期は、諸能力が個別に発達していくのではなく、相互に関連し合い、総合的に発達していく時期である。幼児の自発的な活動としての遊びは、幼児が心身全体を働かせ、様々な体験を通して、心身の調和のと

れた全体的な発達の基礎を築いていくものとして、極めて重要な意味をもつ。幼稚園教育においては、幼児の自発的な活動としての遊びを中心とした教育を実践することが何よりも大切なこととなる。一つの遊びを展開する中で、幼児はいろいろな経験をし、様々な能力や態度を身に付ける。したがって、具体的な指導の場面において教師は、「遊びの中で幼児が発達していく姿を様々な側面から総合的に捉え、発達にとって必要な経験が得られるような状況をつくることを大切にしなければならない。そして、幼稚園教育のねらいが総合的に実現するように、常に幼児の遊びの展開に留意し、適切な指導をしなければならない。幼児の生活そのものともいえる遊びを中心に、幼児の主体性を大切にする指導を行おうとするのであれば、それはおのずから総合的なものとなる」のである。教師には、一つの遊びの中に様々な領域から捉えた活動が含まれるような、総合的な指導を行うことが求められる。

　幼児の自発的な活動としての遊びを生み出すためには、幼児の興味・関心、幼児同士の関わり合いの状況、教師の願いや指導のねらいなどに即した教材の精選と工夫、そして、教育的意図を込めた物的・空間的環境の構成が必要不可欠となる。また、教師には、そうした環境に幼児が能動的に働きかけながら、諸感覚を働かせ、試行錯誤したり、思いを巡らせたりしながら学んでいくという学びの過程が創出されるような、幼児との適切な関わりが求められるのである。

【引用・参考文献】
内閣府・文部科学省・厚生労働省『幼保連携型認定こども園教育・保育要領　幼稚園教育要領 保育所保育指針中央説明会資料』2017年、pp.25-45

【演習6】
　保育実践映像を視聴して、環境を通して行う教育とは、どのような教育であるのかを捉え、グループで討議してみましょう。

【演習7】
　保育実践映像を視聴して、幼児が遊びの中で、どのような経験をし、何を学んでいるのかを捉え、グループで討議してみましょう。

第5章 幼稚園教育において育みたい資質・能力及び「幼児期の終わりまでに育ってほしい姿」

第1節 幼稚園教育において育みたい資質・能力

1 幼稚園教育において育みたい資質・能力の定義とその具体例

　幼稚園においては、幼稚園における生活全体を通して、幼児に生きる力の基礎を育むことが求められている。その生きる力の基礎として、「幼稚園教育要領」では、3つの柱から整理された「幼稚園教育において育みたい資質・能力」を示している。その資質・能力は、「知識及び技能の基礎」、「思考力、判断力、表現力等の基礎」、「学びに向かう力、人間性等」という3つの柱から整理されている。これらの資質・能力は、小学校以降の学校と同様の柱から整理されたものである。小学校以降の子供の発達を見通して、幼児期において育みたい資質・能力が明示されることとなったのである。

　「幼稚園教育要領」の総則において、「幼稚園教育において育みたい資質・能力」は、次のように定義されている。

（1）豊かな体験を通じて、感じたり、気付いたり、分かったり、できるようになったりする「知識及び技能の基礎」
（2）気付いたことや、できるようになったことなどを使い、考えたり、

試したり、工夫したり、表現したりする「思考力、判断力、表現力等の基礎」
　(3)　心情、意欲、態度が育つ中で、よりよい生活を営もうとする「学びに向かう力、人間性等」

　「知識及び技能の基礎」というのは、幼児が何かを学ぼうとするときに重要となる基本的な生活習慣や生活に必要な技能の獲得、さらには、遊びや生活の中で、物事の規則性・法則性・関連性等に気付く体験など、将来、知識や技能を獲得する際に基礎となる経験などを意味するものである。
　「思考力、判断力、表現力等の基礎」は、遊びや生活の中で、何かを実現しようと、試行錯誤したり創意工夫したりするなど、思考力そのものへとつながっていく体験や、感じたことや考えたことを創意工夫しながら表現する体験などを意味する。
　「学びに向かう力、人間性等」は、探究心や好奇心、他者との目的の共有・協力、興味をもって最後までやり遂げようとする心情・意欲・態度などを意味するものである。「学びに向かう力、人間性等」は、「知識及び技能の基礎」及び「思考力、判断力、表現力等の基礎」を育む基盤となるものである。
　「知識及び技能の基礎」、「思考力、判断力、表現力等の基礎」、「学びに向かう力、人間性等」として整理された資質・能力について、さらに具体的に示すと、図表6のようになる。

2　実際の指導場面における留意点

　実際の指導の場面においては、「知識及び技能の基礎」、「思考力、判断力、表現力等の基礎」、「学びに向かう力、人間性等」を個別に取り出して指導するのではなく、遊びを通した総合的な指導の中で一体的に育むよう努めることが重要である。幼児期は、諸能力が個別に発達してい

くのではなく、相互に関連し合い、総合的に発達していく時期である。そのため、「幼稚園教育において育みたい資質・能力」は、幼児期の発達の特性を踏まえて、遊びや生活の中で一体的に育んでいくものである。

図表 6　「幼稚園教育において育みたい資質・能力」

資質・能力	資質・能力の具体例
知識及び技能の基礎	・基本的な生活習慣や生活に必要な技能の獲得 ・身体感覚の育成 ・規則性、法則性、関連性等の発見 ・様々な気付き、発見の喜び ・日常生活に必要な言葉の理解 ・身体的技能の基礎や芸術表現のための基礎的な技能の基礎の獲得　等
思考力、判断力、表現力等の基礎	・試行錯誤、工夫 ・予想、予測、比較、分類、確認 ・他の幼児の考えなどに触れ、新しい考えを生み出す喜びや楽しさ ・言葉による表現、伝え合い ・振り返り、次への見通し ・自分なりの表現 ・表現する喜び　等
学びに向かう力、人間性等	・思いやり ・安定した情緒 ・自信 ・相手の気持ちの受容 ・好奇心、探究心 ・葛藤、自分への向き合い、折り合い ・話合い、目的の共有、協力・色・形・音等の美しさや面白さに対する感覚 ・自然現象や社会現象への関心　等

［中央教育審議会教育課程部会資料、2017 年］

第2節 「幼児期の終わりまでに育ってほしい姿」

1 「幼児期の終わりまでに育ってほしい姿」を示した意義

(1) 教師が指導を行う際に考慮するもの

「幼稚園教育要領」総則には、「幼児期の終わりまでに育ってほしい姿」として、10の視点が示されている（「健康な心と体」「自立心」「協同性」「道徳性・規範意識の芽生え」「社会生活との関わり」「思考力の芽生え」「自然との関わり・生命尊重」「数量や図形、標識や文字などへの関心・感覚」「言葉による伝え合い」「豊かな感性と表現」）。

この、「幼児期の終わりまでに育ってほしい姿」は、「幼稚園教育要領」の「第2章に示すねらい及び内容に基づいて、各幼稚園で、幼児期にふさわしい遊びや生活を積み重ねることにより、幼稚園教育において育みたい資質・能力が育まれている幼児の具体的な姿であり、特に5歳児後半に見られるようになる姿」であり、同時に、「教師が指導を行う際に考慮するもの」として示されている。

「幼児期の終わりまでに育ってほしい姿」は、5歳児になって突然に表れるようになるものではないため、教師は、この「幼児期の終わりまでに育ってほしい姿」を幼児が発達していく方向であると意識して、3歳児、4歳児の時期から、それぞれの時期にふさわしい指導を積み重ねていくことに留意する必要がある。教師には、遊びの中で発達していく姿を「幼児期の終わりまでに育ってほしい姿」を念頭において捉え、「一人一人の発達に必要な体験が得られるような状況をつくったり必要な援助を行ったりするなど、指導を行う際に考慮する」役割が求められるのである。「幼児期の終わりまでに育ってほしい姿」とは、到達目標ではなく、日々の教育活動において教師が意図して働きかける視点として考えられるべきものである。

(2) 幼稚園教員と小学校教員との間で共有化される視点

「幼児期の終わりまでに育ってほしい姿」は、幼稚園修了時における幼児の具体的な姿を、小学校教育へとつなげて見ていこうとする際の視点として活用されるものでもある。幼稚園等と小学校の教員が持つ5歳児修了時の姿が共有化されることにより、幼児教育と小学校教育との接続の一層の強化が図られることが期待できるのである。

小学校の各教科等においても、生活科を中心としたスタートカリキュラムの中で、合科的・関連的な指導や短時間での学習などを含む授業時間や指導の工夫、環境構成等の工夫を行うとともに、子供の生活の流れの中で、幼児期の終わりまでに育った姿が発揮できるような工夫を行いながら、幼児期に育まれた資質・能力を徐々に各教科等の特質に応じた学びにつなげていく必要がある。

2 「幼児期の終わりまでに育ってほしい姿」を捉える上での留意点

「幼児期の終わりまでに育ってほしい姿」は、5領域の内容等を踏まえ、特に5歳児の後半にねらいを達成するために、教員が指導し幼児が身に付けていくことが望まれるものを抽出し、具体的な姿として整理したものであり、それぞれの項目が個別に取り出して指導されるものではない。幼稚園教育は、環境を通して行うものであり、幼児の自発的な活動としての遊びを通して、「幼児期の終わりまでに育ってほしい姿」が育っていくことに留意する必要がある。

【引用・参考文献】

内閣府・文部科学省・厚生労働省『幼保連携型認定こども園教育・保育要領 幼稚園教育要領 保育所保育指針中央説明会資料』2017年、pp.47-72
中央教育審議会教育課程部会資料『幼児教育部会取りまとめ』2016年

【演習8】
　保育実践の映像を視聴し、そこで捉えられた幼児の育ちを、「知識及び技能の基礎」、「思考力、判断力、表現力等の基礎」、「学びに向かう力、人間性等」の3つの柱から整理してみましょう。

【演習9】
　保育実践の映像を視聴し、そこで捉えられた幼児の育ちを、「幼児期の終わりまでに育ってほしい姿」として示された10の視点に分類してみましょう。

第6章 各領域に示された「ねらい及び内容」の考え方及び教育内容の改善・充実の方向性

第1節 各領域に示された「ねらい及び内容」の考え方

　「幼稚園教育要領」の第2章「ねらい及び内容」において、各領域に示されている事項は、幼稚園教育が何を意図して行われるのかを明確に示したものである。「ねらい」は、幼児が発達してく姿を踏まえ、幼稚園教育において育みたい資質・能力を幼児の生活する姿から捉えたものである。「内容」は、ねらいを達成するために教師が指導し、幼児が身に付けていくことが望まれるものである。そして、「ねらい」と「内容」を幼児の発達の側面からまとめて以下のように5つの領域を編成している。

- ・心身の健康に関する領域「健康」
- ・人との関わりに関する領域「人間関係」
- ・身近な環境との関わりに関する領域「環境」
- ・言葉の獲得に関する領域「言葉」
- ・感性と表現に関する領域「表現」

　なお、幼稚園教育における領域は、それぞれが独立した授業として展

開される小学校の教科とは異なるので、特定の活動を取り上げて指導するような取り扱いをしないようにしなければならない。領域の「ねらい」と「内容」の取り扱いにあたっては、幼稚園教育における「領域」の性格と意義を十分に理解して、幼児の発達を踏まえた適切な指導が行われるようにしなければならない。各幼稚園においては、領域の「ねらい」と「内容」の取り扱いに関する以下の点に留意して、具体的なねらいや内容を組織した教育課程を編成していくことが求められる。

(1) 「ねらい」は、幼稚園生活の全体を通して幼児が様々な体験を積み重ねる中で相互に関連をもちながら次第に達成に向かうものである。
(2) 「内容」は、幼児が環境に関わって展開する具体的な活動を通して総合的に指導されなければならない。
(3) 教師が幼児の生活を通して、総合的に指導を行う際の観点であり、幼児の関わる環境を構成する場合の視点であると捉える。
(4) 各幼稚園においては、幼稚園教育において指導すべき具体的な方向を捉えながら、幼児の実情や地域の実態などに応じて、具体的なねらいや内容を組織する。

第2節 教育内容の改善・充実の方向性

1 心身の健康に関する領域「健康」

心身の健康に関する領域「健康」は、「健康な心と体を育て、自ら健康で安全な生活をつくり出す力を養う」という観点から、「ねらい」及び「内容」が示されている。

平成29年改訂「幼稚園教育要領」の領域「健康」において充実した

内容は、図表7に示すとおりである。下線部が主な改訂箇所である。

　改訂箇所は、近年の子供の育ちをめぐる環境の変化等を踏まえたものであり、たとえば、中央教育審議会においては、「多様な動きを経験する中で、体の動きを調整するようにすること」という教育内容の改善・充実に関する方向性が示され、これを受けて、「内容の取扱い（2）」において、「多様な動きを経験する中で、体の動きを調整するようにする

図表7　領域「健康」において充実した内容

第2章　ねらい及び内容　領域　健康
1　ねらい
(3)　健康、安全な生活に必要な習慣や態度を身に付け、見通しをもって行動する。
2　内容
(5)　先生や友達と食べることを楽しみ、食べ物への興味や関心をもつ。
3　内容の取扱い
(2)　様々な遊びの中で、幼児が興味や関心、能力に応じて全身を使って活動することにより、体を動かす楽しさを味わい、自分の体を大切にしようとする気持ちが育つようにすること。その際、多様な動きを経験する中で、体の動きを調整するようにすること。
(4)　健康な心と体を育てるためには食育を通じた望ましい食習慣の形成が大切であることを踏まえ、幼児の食生活の実情に配慮し、和やかな雰囲気の中で教師や他の幼児と食べる喜びや楽しさを味わったり、様々な食べ物への興味や関心をもったりするなどし、食の大切さに気付き、進んで食べようとする気持ちが育つようにすること。
(5)　基本的な生活習慣の形成に当たっては、家庭での生活経験に配慮し、幼児の自立心を育て、幼児が他の幼児と関わりながら主体的な活動を展開する中で、生活に必要な習慣を身に付け、次第に見通しをもって行動できるようにすること。
(6)　安全に関する指導に当たっては、情緒の安定を図り、遊びを通して安全についての構えを身に付け、危険な場所や事物などが分かり、安全についての理解を深めるようにすること。また、交通安全の習慣を身に付けるようにするとともに、避難訓練などを通して、災害などの緊急時に適切な行動がとれるようにすること。

※下線部：主な改訂箇所
［文部科学省、2017年］

ようにすること」という一文が加えられた。幼児が体を十分に動かし、体を動かす気持ちよさを感じることを通じて進んで体を動かそうとする意欲を、多様な動きを経験できる総合的な遊びの中で育んでいくようにすることが求められているのである。

2 人との関わりに関する領域「人間関係」

人との関わりに関する領域「人間関係」は、「他の人々と親しみ、支え合って生活するために、自立心を育て、人とかかわる力を養う」という観点から、「ねらい」及び「内容」が示されている。

平成29年改訂「幼稚園教育要領」の領域「人間関係」において充実した内容は、図表8に示すとおりである。下線部が主な改訂箇所である。

たとえば、近年の子供の育ちをめぐる環境の変化等を踏まえて、中央教育審議会では、特に、「諦めずにやり遂げることの達成感や前向きな見通しをもって自分の力で行うことの充実感を味わうことができるようにする」という教育内容の改善・充実の方向性が指し示され、これを受けて、「内容の取扱い（1）」において、「諦めずにやり遂げることの達成感や、前向きな見通しをもって」という一文が加えられたのである。

図表8 領域「人間関係」において充実した内容

第2章　ねらい及び内容　領域　人間関係
1　ねらい
(2) 身近な人と親しみ、関わりを深め、<u>工夫したり、協力したりして一緒に活動する楽しさを味わい</u>、愛情や信頼感をもつ。
3　内容の取扱い
(1) 教師との信頼関係に支えられて自分自身の生活を確立していくことが人と関わる基盤となることを考慮し、幼児が自ら周囲に働き掛けることにより多様な感情を体験し、試行錯誤しながら<u>諦めずにやり遂げることの達成感や、前向きな見通しをもって</u>自分の力で行うことの充実感を味わうことができるよう、幼児の行動を見守りながら適切な援助を行うようにすること。
(2) 一人一人を生かした集団を形成しながら人と関わる力を育てていくようにすること。<u>その際</u>、集団の生活の中で、幼児が自己を発揮し、教

師や他の幼児に認められる体験をし、<u>自分のよさや特徴に気付き</u>、自信をもって行動できるようにすること。

※下線部：主な改訂箇所
［文部科学省、2017年］

3 身近な環境との関わりに関する領域「環境」

身近な環境との関わりに関する領域「環境」は、「周囲の様々な環境に好奇心や探究心をもってかかわり、それらを生活に取り入れていこうとする力を養う」という観点から、「ねらい」及び「内容」が示されている。

たとえば、近年の子供の育ちをめぐる環境の変化等を踏まえて、中央教育審議会では、特に、「正月、わらべうたや伝統的な遊びなど我が国や地域社会における様々な文化や伝統に親しむこと」という教育内容の改善・充実の方向性が指し示された。そうした方向性を踏まえて、「(6) 日常生活の中で、我が国や地域社会における様々な文化や伝統に親しむ」という「内容」と、「内容の取扱い」において、「(4) 文化や伝統に親しむ際には、正月や節句など我が国の伝統的な行事、国歌、唱歌、わらべうたや我が国の伝統的な遊びに親しんだり、異なる文化に触れる活動に親しんだりすることを通じて、社会とのつながりの意識や国際理解の意識の芽生えなどが養われるようにすること」という事項が加えられたのである。

図表9　領域「環境」において充実した内容

第2章　ねらい及び内容　領域　環境
2　内容
(6) <u>日常生活の中で、我が国や地域社会における様々な文化や伝統に親しむ。</u>
(8) 身近な物や遊具に興味をもって関わり、<u>自分なりに比べたり、関連付けたりしながら</u>考えたり、試したりして工夫して遊ぶ。

> 3　内容の取扱い
> (1)　幼児が、遊びの中で周囲の環境と関わり、次第に周囲の世界に好奇心を抱き、その意味や操作の仕方に関心をもち、物事の法則性に気付き、自分なりに考えることができるようになる過程を大切にすること。また、他の幼児の考えなどに触れて新しい考えを生み出す喜びや楽しさを味わい、<u>自分の考えをよりよいものにしよう</u>とする気持ちが育つようにすること。
> (4)　<u>文化や伝統に親しむ際には、正月や節句など我が国の伝統的な行事、国歌、唱歌、わらべうたや我が国の伝統的な遊びに親しんだり、異なる文化に触れる活動に親しんだりすることを通じて、社会とのつながりの意識や国際理解の意識の芽生えなどが養われるようにすること。</u>
> 　　　　　　　　　　　　　　　　　　　　　※下線部：主な改訂箇所
> 　　　　　　　　　　　　　　　　　　　　　　　［文部科学省、2017年］

4　言葉の獲得に関する領域「言葉」

　言葉の獲得に関する領域「言葉」は、「経験したことや考えたことなどを自分なりの言葉で表現し、相手の話す言葉を聞こうとする意欲や態度を育て、言葉に対する感覚や言葉で表現する力を養う」という観点から、「ねらい」及び「内容」が示されている。

　たとえば、近年の子供の育ちをめぐる環境の変化等を踏まえて、中央教育審議会では、特に、「言葉の響きやリズム、新しい言葉や表現などに触れ、これらを使う楽しさを味わえるようにすること」という教育内容の改善・充実の方向性が指し示された。これを受けて、「ねらい3」において、「言葉に対する感覚を豊かにし」という一文が加えられ、さらに、「内容の取扱い」において、「(4)　幼児が生活の中で、言葉の響きやリズム、新しい言葉や表現などに触れ、これらを使う楽しさを味わえるようにすること。その際、絵本や物語に親しんだり、言葉遊びなどをしたりすることを通して、言葉が豊かになるようにすること」という項目が加えられたのである。

図表 10　領域「言葉」において充実した内容

第2章　ねらい及び内容　領域　言葉
1　ねらい
(3) 日常生活に必要な言葉が分かるようになるとともに、絵本や物語などに親しみ、言葉に対する感覚を豊かにし、先生や友達と心を通わせる。
3　内容の取扱い
(4) 幼児が生活の中で、言葉の響きやリズム、新しい言葉や表現などに触れ、これらを使う楽しさを味わえるようにすること。その際、絵本や物語に親しんだり、言葉遊びなどをしたりすることを通して、言葉が豊かになるようにすること。

※下線部：主な改訂箇所
［文部科学省、2017年］

5　感性と表現に関する領域「表現」

　感性と表現に関する領域「表現」は、「感じたことや考えたことを自分なりに表現することを通して、豊かな感性や表現する力を養い、創造性を豊かにする」という観点から、「ねらい」及び「内容」が示されている。

　たとえば、近年の子供の育ちをめぐる環境の変化等を踏まえて、中央教育審議会では、特に、「豊かな感性を養う際に、風の音や雨の音、身近にある草や花の形や色など自然の中にある音、形、色などに気付くようにすること」という教育内容の改善・充実の方向性が指し示された。これを受けて、「内容の取扱い（1）」において、「その際、風の音や雨の音、身近にある草や花の形や色など自然の中にある音、形、色などに気付くようにすること」という一文が加えられたのである。

図表 11　領域「表現」において充実した内容

第2章　ねらい及び内容　領域　表現
3　内容の取扱い
(1) 豊かな感性は、身近な環境と十分に関わる中で美しいもの、優れたもの、心を動かす出来事などに出会い、そこから得た感動を他の幼児や

　　　　教師と共有し、様々に表現することなどを通して養われるようにすること。その際、風の音や雨の音、身近にある草や花の形や色など自然の中にある音、形、色などに気付くようにすること。
(3) 生活経験や発達に応じ、自ら様々な表現を楽しみ、表現する意欲を十分に発揮させることができるように、遊具や用具などを整えたり、様々な素材や表現の仕方に親しんだり、他の幼児の表現に触れられるよう配慮したりし、表現する過程を大切にして自己表現を楽しめるように工夫すること。

※下線部：主な改訂箇所
［文部科学省、2017年］

【引用・参考文献】
文部科学省『新幼稚園教育要領のポイント』2017年、pp.19-23

【演習10】
　各領域に示された「ねらい及び内容」を踏まえ、その「ねらい及び内容」に焦点を当てた総合的な遊びを構想し、指導計画を立ててみましょう。

幼稚園教育要領（全文）（平成29年告示）

　教育は、教育基本法第一条に定めるとおり、人格の完成を目指し、平和で民主的な国家及び社会の形成者として必要な資質を備えた心身ともに健康な国民の育成を期すという目的のもと、同法第二条に掲げる次の目標を達成するよう行われなければならない。
1　幅広い知識と教養を身に付け、真理を求める態度を養い、豊かな情操と道徳心を培うとともに、健やかな身体を養うこと。
2　個人の価値を尊重して、その能力を伸ばし、創造性を培い、自主及び自律の精神を養うとともに、職業及び生活との関連を重視し、勤労を重んずる態度を養うこと。
3　正義と責任、男女の平等、自他の敬愛と協力を重んずるとともに、公共の精神に基づき、主体的に社会の形成に参画し、その発展に寄与する態度を養うこと。
4　生命を尊び、自然を大切にし、環境の保全に寄与する態度を養うこと。
5　伝統と文化を尊重し、それらをはぐくんできた我が国と郷土を愛するとともに、他国を尊重し、国際社会の平和と発展に寄与する態度を養うこと。
　また、幼児期の教育については、同法第十一条に掲げるとおり、生涯にわたる人格形成の基礎を培う重要なものであることにかんがみ、国及び地方公共団体は、幼児の健やかな成長に資する良好な環境の整備その他適当な方法によって、その振興に努めなければならないこととされている。
　これからの幼稚園には、学校教育の始まりとして、こうした教育の目的及び目標の達成を目指しつつ、一人一人の幼児が、将来、自分のよさや可能性を認識するとともに、あらゆる他者を価値のある存在として尊重し、多様な人々と協働しながら様々な社会的変化を乗り越え、豊かな人生を切り拓（ひら）き、持続可能な社会の創り手となることができるようにするための基礎を培うことが求められる。このために必要な教育の在り方を具体化するのが、各幼稚園において教育の内容等を組織的かつ計画的に組み立てた教育課程である。
　教育課程を通して、これからの時代に求められる教育を実現していくためには、よりよい学校教育を通してよりよい社会を創るという理念を学校と社会とが共有し、それぞれの幼稚園において、幼児期にふさわしい生活をどのように展開し、どのような資質・能力を育むようにするのかを教育課程において明確にしながら、社会との連携及び協働によりその実現を図っていくという、社会に開かれた教育課程の実現が重要となる。
　幼稚園教育要領とは、こうした理念の実現に向けて必要となる教育課程の基準を大綱的に定めるものである。幼稚園教育要領が果たす役割の一つは、公の性質を有する幼稚園における教育水準を全国的に確保することである。また、各幼稚園がその特色を生かして創意工夫を重ね、長年にわたり積み重ねられてきた教育実践や学術研究の蓄積を生かしながら、幼児や地域の現状や課題を捉え、家庭や地域社会と協力して、幼稚園教育要領を踏まえた教育活動の更なる充実を図っていくことも重要である。
　幼児の自発的な活動としての遊びを生み出すために必要な環境を整え、一人一人の資質・能力を育んでいくことは、教職員をはじめとする幼稚園関係者はもとより、家庭や地域の人々も含め、様々な立場から幼児や幼稚園に関わる全ての大人に期待される役割である。家庭との緊密な連携の下、小学校以降の教育や生涯にわたる学習とのつながりを見通しながら、幼児の自発的な活動としての遊びを通しての総合的な指導をする際に広く活用

されるものとなることを期待して、ここに幼稚園教育要領を定める。

第一章　総則

第1　幼稚園教育の基本

　幼児期の教育は、生涯にわたる人格形成の基礎を培う重要なものであり、幼稚園教育は、学校教育法に規定する目的及び目標を達成するため、幼児期の特性を踏まえ、環境を通して行うものであることを基本とする。
　このため教師は、幼児との信頼関係を十分に築き、幼児が身近な環境に主体的に関わり、環境との関わり方や意味に気付き、これらを取り込もうとして、試行錯誤したり、考えたりするようになる幼児期の教育における見方・考え方を生かし、幼児と共によりよい教育環境を創造するように努めるものとする。これらを踏まえ、次に示す事項を重視して教育を行わなければならない。

1　幼児は安定した情緒の下で自己を十分に発揮することにより発達に必要な体験を得ていくものであることを考慮して、幼児の主体的な活動を促し、幼児期にふさわしい生活が展開されるようにすること。
2　幼児の自発的な活動としての遊びは、心身の調和のとれた発達の基礎を培う重要な学習であることを考慮して、遊びを通しての指導を中心として第二章に示すねらいが総合的に達成されるようにすること。
3　幼児の発達は、心身の諸側面が相互に関連し合い、多様な経過をたどって成し遂げられていくものであること、また、幼児の生活経験がそれぞれ異なることなどを考慮して、幼児一人一人の特性に応じ、発達の課題に即した指導を行うようにすること。
　その際、教師は、幼児の主体的な活動が確保されるよう幼児一人一人の行動の理解と予想に基づき、計画的に環境を構成しなければならない。この場合において、教師は、幼児と人やものとの関わりが重要であることを踏まえ、教材を工夫し、物的・空間的環境を構成しなければならない。また、幼児一人一人の活動の場面に応じて、様々な役割を果たし、その活動を豊かにしなければならない。

第2　幼稚園教育において育みたい資質・能力及び「幼児期の終わりまでに育ってほしい姿」

1　幼稚園においては、生きる力の基礎を育むため、この章の第一に示す幼稚園教育の基本を踏まえ、次に掲げる資質・能力を一体的に育むよう努めるものとする。
(1)　豊かな体験を通じて、感じたり、気付いたり、分かったり、できるようになったりする「知識及び技能の基礎」
(2)　気付いたことや、できるようになったことなどを使い、考えたり、試したり、工夫したり、表現したりする「思考力、判断力、表現力等の基礎」
(3)　心情、意欲、態度が育つ中で、よりよい生活を営もうとする「学びに向かう力、人間性等」
2　一に示す資質・能力は、第二章に示すねらい及び内容に基づく活動全体によって育むものである。
3　次に示す「幼児期の終わりまでに育ってほしい姿」は、第二章に示すねらい及び内容に基づく活動全体を通して資質・能力が育まれている幼児の幼稚園修了時の具体的な姿であり、教師が指導を行う際に考慮するものである。
(1)　健康な心と体
　幼稚園生活の中で、充実感をもって自分のやりたいことに向かって心と体を十分に働かせ、見通しをもって行動し、自ら健康で安全な生活をつくり出すようになる。
(2)　自立心
　身近な環境に主体的に関わり様々な活動を楽しむ中で、しなければならないことを自覚し、自分の力で行うために考えたり、工夫したりしながら、諦めずにやり遂げることで達

感を味わい、自信をもって行動するようになる。
(3) 協同性
　友達と関わる中で、互いの思いや考えなどを共有し、共通の目的の実現に向けて、考えたり、工夫したり、協力したりし、充実感をもってやり遂げるようになる。
(4) 道徳性・規範意識の芽生え
　友達と様々な体験を重ねる中で、してよいことや悪いことが分かり、自分の行動を振り返ったり、友達の気持ちに共感したりし、相手の立場に立って行動するようになる。また、きまりを守る必要性が分かり、自分の気持ちを調整し、友達と折り合いを付けながら、きまりをつくったり、守ったりするようになる。
(5) 社会生活との関わり
　家族を大切にしようとする気持ちをもつとともに、地域の身近な人と触れ合う中で、人との様々な関わり方に気付き、相手の気持ちを考えて関わり、自分が役に立つ喜びを感じ、地域に親しみをもつようになる。また、幼稚園内外の様々な環境に関わる中で、遊びや生活に必要な情報を取り入れ、情報に基づき判断したり、情報を伝え合ったり、活用したりするなど、情報を役立てながら活動するようになるとともに、公共の施設を大切に利用するなどして、社会とのつながりなどを意識するようになる。
(6) 思考力の芽生え
　身近な事象に積極的に関わる中で、物の性質や仕組みなどを感じ取ったり、気付いたりし、考えたり、予想したり、工夫したりするなど、多様な関わりを楽しむようになる。また、友達の様々な考えに触れる中で、自分と異なる考えがあることに気付き、自ら判断したり、考え直したりするなど、新しい考えを生み出す喜びを味わいながら、自分の考えをよりよいものにするようになる。
(7) 自然との関わり・生命尊重
　自然に触れて感動する体験を通して、自然の変化などを感じ取り、好奇心や探究心をもって考え言葉などで表現しながら、身近な事象への関心が高まるとともに、自然への愛情や畏敬の念をもつようになる。また、身近な動植物に心を動かされる中で、生命の不思議さや尊さに気付き、身近な動植物への接し方を考え、命あるものとしていたわり、大切にする気持ちをもって関わるようになる。
(8) 数量や図形、標識や文字などへの関心・感覚
　遊びや生活の中で、数量や図形、標識や文字などに親しむ体験を重ねたり、標識や文字の役割に気付いたりし、自らの必要感に基づきこれらを活用し、興味や関心、感覚をもつようになる。
(9) 言葉による伝え合い
　先生や友達と心を通わせる中で、絵本や物語などに親しみながら、豊かな言葉や表現を身に付け、経験したことや考えたことなどを言葉で伝えたり、相手の話を注意して聞いたりし、言葉による伝え合いを楽しむようになる。
(10) 豊かな感性と表現
　心を動かす出来事などに触れ感性を働かせる中で、様々な素材の特徴や表現の仕方などに気付き、感じたことや考えたことを自分で表現したり、友達同士で表現する過程を楽しんだりし、表現する喜びを味わい、意欲をもつようになる。

第3　教育課程の役割と編成等
1　教育課程の役割
　各幼稚園においては、教育基本法及び学校教育法その他の法令並びにこの幼稚園教育要領の示すところに従い、創意工夫を生かし、幼児の心身の発達と幼稚園及び地域の実態に即応した適切な教育課程を編成するものとする。
　また、各幼稚園においては、六に示す全体的な計画にも留意しながら、「幼児期の終わりまでに育ってほしい姿」を踏まえ教育課程を編成すること、教育課程の実施状況を評価

してその改善を図っていくこと、教育課程の実施に必要な人的又は物的な体制を確保するとともにその改善を図っていくことなどを通して、教育課程に基づき組織的かつ計画的に各幼稚園の教育活動の質の向上を図っていくこと（以下「カリキュラム・マネジメント」という。）に努めるものとする。

2　各幼稚園の教育目標と教育課程の編成

　教育課程の編成に当たっては、幼稚園教育において育みたい資質・能力を踏まえつつ、各幼稚園の教育目標を明確にするとともに、教育課程の編成についての基本的な方針が家庭や地域とも共有されるよう努めるものとする。

3　教育課程の編成上の基本的事項

(1)　幼稚園生活の全体を通して第二章に示すねらいが総合的に達成されるよう、教育課程に係る教育期間や幼児の生活経験や発達の過程などを考慮して具体的なねらいと内容を組織するものとする。この場合においては、特に、自我が芽生え、他者の存在を意識し、自己を抑制しようとする気持ちが生まれる幼児期の発達の特性を踏まえ、入園から修了に至るまでの長期的な視野をもって充実した生活が展開できるように配慮するものとする。

(2)　幼稚園の毎学年の教育課程に係る教育週数は、特別の事情のある場合を除き、三十九週を下ってはならない。

(3)　幼稚園の一日の教育課程に係る教育時間は、四時間を標準とする。ただし、幼児の心身の発達の程度や季節などに適切に配慮するものとする。

4　教育課程の編成上の留意事項

　教育課程の編成に当たっては、次の事項に留意するものとする。

(1)　幼児の生活は、入園当初の一人一人の遊びや教師との触れ合いを通して幼稚園生活に親しみ、安定していく時期から、他の幼児との関わりの中で幼児の主体的な活動が深まり、幼児が互いに必要な存在であることを認識するようになり、やがて幼児同士や学級全体で目的をもって協同して幼稚園生活を展開し、深めていく時期などに至るまでの過程を様々に経ながら広げられていくものであることを考慮し、活動がそれぞれの時期にふさわしく展開されるようにすること。

(2)　入園当初、特に、三歳児の入園については、家庭との連携を緊密にし、生活のリズムや安全面に十分配慮すること。また、満三歳児については、学年の途中から入園することを考慮し、幼児が安心して幼稚園生活を過ごすことができるよう配慮すること。

(3)　幼稚園生活が幼児にとって安全なものとなるよう、教職員による協力体制の下、幼児の主体的な活動を大切にしつつ、園庭や園舎などの環境の配慮や指導の工夫を行うこと。

5　小学校教育との接続に当たっての留意事項

(1)　幼稚園においては、幼稚園教育が、小学校以降の生活や学習の基盤の育成につながることに配慮し、幼児期にふさわしい生活を通して、創造的な思考や主体的な生活態度などの基礎を培うようにするものとする。

(2)　幼稚園教育において育まれた資質・能力を踏まえ、小学校教育が円滑に行われるよう、小学校の教師との意見交換や合同の研究の機会などを設け、「幼児期の終わりまでに育ってほしい姿」を共有するなど連携を図り、幼稚園教育と小学校教育との円滑な接続を図るよう努めるものとする。

6　全体的な計画の作成

　各幼稚園においては、教育課程を中心に、第三章に示す教育課程に係る教育時間の終了後等に行う教育活動の計画、学校保健計画、学校安全計画などとを関連させ、一体的に教育活動が展開されるよう全体的な計画を作成するものとする。

第4　指導計画の作成と幼児理解に基づいた評価
1　指導計画の考え方
　幼稚園教育は、幼児が自ら意欲をもって環境と関わることによりつくり出される具体的な活動を通して、その目標の達成を図るものである。
　幼稚園においてはこのことを踏まえ、幼児期にふさわしい生活が展開され、適切な指導が行われるよう、それぞれの幼稚園の教育課程に基づき、調和のとれた組織的、発展的な指導計画を作成し、幼児の活動に沿った柔軟な指導を行わなければならない。
2　指導計画の作成上の基本的事項
(1)　指導計画は、幼児の発達に即して一人一人の幼児が幼児期にふさわしい生活を展開し、必要な体験を得られるようにするために、具体的に作成するものとする。
(2)　指導計画の作成に当たっては、次に示すところにより、具体的なねらい及び内容を明確に設定し、適切な環境を構成することなどにより活動が選択・展開されるようにするものとする。
　ア　具体的なねらい及び内容は、幼稚園生活における幼児の発達の過程を見通し、幼児の生活の連続性、季節の変化などを考慮して、幼児の興味や関心、発達の実情などに応じて設定すること。
　イ　環境は、具体的なねらいを達成するために適切なものとなるように構成し、幼児が自らその環境に関わることにより様々な活動を展開しつつ必要な体験を得られるようにすること。その際、幼児の生活する姿や発想を大切にし、常にその環境が適切なものとなるようにすること。
　ウ　幼児の行う具体的な活動は、生活の流れの中で様々に変化するものであることに留意し、幼児が望ましい方向に向かって自ら活動を展開していくことができるよう必要な援助をすること。
　その際、幼児の実態及び幼児を取り巻く状況の変化などに即して指導の過程についての評価を適切に行い、常に指導計画の改善を図るものとする。
3　指導計画の作成上の留意事項
　指導計画の作成に当たっては、次の事項に留意するものとする。
(1)　長期的に発達を見通した年、学期、月などにわたる長期の指導計画やこれとの関連を保ちながらより具体的な幼児の生活に即した週、日などの短期の指導計画を作成し、適切な指導が行われるようにすること。特に、週、日などの短期の指導計画については、幼児の生活のリズムに配慮し、幼児の意識や興味の連続性のある活動が相互に関連して幼稚園生活の自然な流れの中に組み込まれるようにすること。
(2)　幼児が様々な人やものとの関わりを通して、多様な体験をし、心身の調和のとれた発達を促すようにしていくこと。その際、幼児の発達に即して主体的・対話的で深い学びが実現するようにするとともに、心を動かされる体験が次の活動を生み出すことを考慮し、一つ一つの体験が相互に結び付き、幼稚園生活が充実するようにすること。
(3)　言語に関する能力の発達と思考力等の発達が関連していることを踏まえ、幼稚園生活全体を通して、幼児の発達を踏まえた言語環境を整え、言語活動の充実を図ること。
(4)　幼児が次の活動への期待や意欲をもつことができるよう、幼児の実態を踏まえながら、教師や他の幼児と共に遊びや生活の中で見通しをもったり、振り返ったりするよう工夫すること。
(5)　行事の指導に当たっては、幼稚園生活の自然な流れの中で生活に変化や潤いを与え、幼児が主体的に楽しく活動できるようにすること。なお、それぞれの行事についてはその教育的価値を十分検討し、適切なものを精選し、幼児の負担にならないようにすること。
(6)　幼児期は直接的な体験が重要であること

を踏まえ、視聴覚教材やコンピュータなど情報機器を活用する際には、幼稚園生活では得難い体験を補完するなど、幼児の体験との関連を考慮すること。
(7) 幼児の主体的な活動を促すためには、教師が多様な関わりをもつことが重要であることを踏まえ、教師は、理解者、共同作業者など様々な役割を果たし、幼児の発達に必要な豊かな体験が得られるよう、活動の場面に応じて、適切な指導を行うようにすること。
(8) 幼児の行う活動は、個人、グループ、学級全体などで多様に展開されるものであることを踏まえ、幼稚園全体の教師による協力体制を作りながら、一人一人の幼児が興味や欲求を十分に満足させるよう適切な援助を行うようにすること。

4 幼児理解に基づいた評価の実施

幼児一人一人の発達の理解に基づいた評価の実施に当たっては、次の事項に配慮するものとする。
(1) 指導の過程を振り返りながら幼児の理解を進め、幼児一人一人のよさや可能性などを把握し、指導の改善に生かすようにすること。その際、他の幼児との比較や一定の基準に対する達成度についての評定によって捉えるものではないことに留意すること。
(2) 評価の妥当性や信頼性が高められるよう創意工夫を行い、組織的かつ計画的な取組を推進するとともに、次年度又は小学校等にその内容が適切に引き継がれるようにすること。

第5 特別な配慮を必要とする幼児への指導

1 障害のある幼児などへの指導

障害のある幼児などへの指導に当たっては、集団の中で生活することを通して全体的な発達を促していくことに配慮し、特別支援学校などの助言又は援助を活用しつつ、個々の幼児の障害の状態などに応じた指導内容や指導方法の工夫を組織的かつ計画的に行うものとする。また、家庭、地域及び医療や福祉、保健等の業務を行う関係機関との連携を図り、長期的な視点で幼児への教育的支援を行うために、個別の教育支援計画を作成し活用することに努めるとともに、個々の幼児の実態を的確に把握し、個別の指導計画を作成し活用することに努めるものとする。

2 海外から帰国した幼児や生活に必要な日本語の習得に困難のある幼児の幼稚園生活への適応

海外から帰国した幼児や生活に必要な日本語の習得に困難のある幼児については、安心して自己を発揮できるよう配慮するなど個々の幼児の実態に応じ、指導内容や指導方法の工夫を組織的かつ計画的に行うものとする。

第6 幼稚園運営上の留意事項

1 各幼稚園においては、園長の方針の下に、園務分掌に基づき教職員が適切に役割を分担しつつ、相互に連携しながら、教育課程や指導の改善を図るものとする。また、各幼稚園が行う学校評価については、教育課程の編成、実施、改善が教育活動や幼稚園運営の中核となることを踏まえ、カリキュラム・マネジメントと関連付けながら実施するよう留意するものとする。

2 幼児の生活は、家庭を基盤として地域社会を通じて次第に広がりをもつものであることに留意し、家庭との連携を十分に図るなど、幼稚園における生活が家庭や地域社会と連続性を保ちつつ展開されるようにするものとする。その際、地域の自然、高齢者や異年齢の子供などを含む人材、行事や公共施設などの地域の資源を積極的に活用し、幼児が豊かな生活体験を得られるように工夫するものとする。また、家庭との連携に当たっては、保護者との情報交換の機会を設けたり、保護者と幼児との活動の機会を設けたりなどすることを通じて、保護者の幼児期の教育に関する理解が深まるよ

う配慮するものとする。
3　地域や幼稚園の実態等により、幼稚園間に加え、保育所、幼保連携型認定こども園、小学校、中学校、高等学校及び特別支援学校などとの間の連携や交流を図るものとする。特に、幼稚園教育と小学校教育の円滑な接続のため、幼稚園の幼児と小学校の児童との交流の機会を積極的に設けるようにするものとする。また、障害のある幼児児童生徒との交流及び共同学習の機会を設け、共に尊重し合いながら協働して生活していく態度を育むよう努めるものとする。

第7　教育課程に係る教育時間終了後等に行う教育活動など

　幼稚園は、第三章に示す教育課程に係る教育時間の終了後等に行う教育活動について、学校教育法に規定する目的及び目標並びにこの章の第一に示す幼稚園教育の基本を踏まえ実施するものとする。また、幼稚園の目的の達成に資するため、幼児の生活全体が豊かなものとなるよう家庭や地域における幼児期の教育の支援に努めるものとする。

第二章　ねらい及び内容

　この章に示すねらいは、幼稚園教育において育みたい資質・能力を幼児の生活する姿から捉えたものであり、内容は、ねらいを達成するために指導する事項である。各領域は、これらを幼児の発達の側面から、心身の健康に関する領域「健康」、人との関わりに関する領域「人間関係」、身近な環境との関わりに関する領域「環境」、言葉の獲得に関する領域「言葉」及び感性と表現に関する領域「表現」としてまとめ、示したものである。内容の取扱いは、幼児の発達を踏まえた指導を行うに当たって留意すべき事項である。

　各領域に示すねらいは、幼稚園における生活の全体を通じ、幼児が様々な体験を積み重ねる中で相互に関連をもちながら次第に達成に向かうものであること、内容は、幼児が環境に関わって展開する具体的な活動を通して総合的に指導されるものであることに留意しなければならない。

　また、「幼児期の終わりまでに育ってほしい姿」が、ねらい及び内容に基づく活動全体を通して資質・能力が育まれている幼児の幼稚園修了時の具体的な姿であることを踏まえ、指導を行う際に考慮するものとする。

　なお、特に必要な場合には、各領域に示すねらいの趣旨に基づいて適切な、具体的な内容を工夫し、それを加えても差し支えないが、その場合には、それが第一章の第一に示す幼稚園教育の基本を逸脱しないよう慎重に配慮する必要がある。

健康

　健康な心と体を育て、自ら健康で安全な生活をつくり出す力を養う。

1　ねらい
(1)　明るく伸び伸びと行動し、充実感を味わう。
(2)　自分の体を十分に動かし、進んで運動しようとする。
(3)　健康、安全な生活に必要な習慣や態度を身に付け、見通しをもって行動する。

2　内　容
(1)　先生や友達と触れ合い、安定感をもって行動する。
(2)　いろいろな遊びの中で十分に体を動かす。
(3)　進んで戸外で遊ぶ。
(4)　様々な活動に親しみ、楽しんで取り組む。
(5)　先生や友達と食べることを楽しみ、食べ物への興味や関心をもつ。
(6)　健康な生活のリズムを身に付ける。
(7)　身の回りを清潔にし、衣服の着脱、食事、排泄などの生活に必要な活動を自分でする。
(8)　幼稚園における生活の仕方を知り、自分たちで生活の場を整えながら見通しをもって行動する。
(9)　自分の健康に関心をもち、病気の予防な

どに必要な活動を進んで行う。
(10) 危険な場所、危険な遊び方、災害時などの行動の仕方が分かり、安全に気を付けて行動する。

3　内容の取扱い

上記の取扱いに当たっては、次の事項に留意する必要がある。

(1)　心と体の健康は、相互に密接な関連があるものであることを踏まえ、幼児が教師や他の幼児との温かい触れ合いの中で自己の存在感や充実感を味わうことなどを基盤として、しなやかな心と体の発達を促すこと。特に、十分に体を動かす気持ちよさを体験し、自ら体を動かそうとする意欲が育つようにするこ

(2)　様々な遊びの中で、幼児が興味や関心、能力に応じて全身を使って活動することにより、体を動かす楽しさを味わい、自分の体を大切にしようとする気持ちが育つようにすること。その際、多様な動きを経験する中で、体の動きを調整するようにすること。

(3)　自然の中で伸び伸びと体を動かして遊ぶことにより、体の諸機能の発達が促されることに留意し、幼児の興味や関心が戸外にも向くようにすること。その際、幼児の動線に配慮した園庭や遊具の配置などを工夫すること。

(4)　健康な心と体を育てるためには食育を通じた望ましい食習慣の形成が大切であることを踏まえ、幼児の食生活の実情に配慮し、和やかな雰囲気の中で教師や他の幼児と食べる喜びや楽しさを味わったり、様々な食べ物への興味や関心をもったりするなどし、食の大切さに気付き、進んで食べようとする気持ちが育つようにすること。

(5)　基本的な生活習慣の形成に当たっては、家庭での生活経験に配慮し、幼児の自立心を育て、幼児が他の幼児と関わりながら主体的な活動を展開する中で、生活に必要な習慣を身に付け、次第に見通しをもって行動できるようにすること。

(6)　安全に関する指導に当たっては、情緒の安定を図り、遊びを通して安全についての構えを身に付け、危険な場所や事物などが分かり、安全についての理解を深めるようにすること。また、交通安全の習慣を身に付けるようにするとともに、避難訓練などを通して、災害などの緊急時に適切な行動がとれるようにすること。

人間関係

他の人々と親しみ、支え合って生活するために、自立心を育て、人と関わる力を養う。

1　ねらい

(1)　幼稚園生活を楽しみ、自分の力で行動することの充実感を味わう。
(2)　身近な人と親しみ、関わりを深め、工夫したり、協力したりして一緒に活動する楽しさを味わい、愛情や信頼感をもつ。
(3)　社会生活における望ましい習慣や態度を身に付ける。

2　内容

(1)　先生や友達と共に過ごすことの喜びを味わう。
(2)　自分で考え、自分で行動する。
(3)　自分でできることは自分でする。
(4)　いろいろな遊びを楽しみながら物事をやり遂げようとする気持ちをもつ。
(5)　友達と積極的に関わりながら喜びや悲しみを共感し合う。
(6)　自分の思ったことを相手に伝え、相手の思っていることに気付く。
(7)　友達のよさに気付き、一緒に活動する楽しさを味わう。
(8)　友達と楽しく活動する中で、共通の目的を見いだし、工夫したり、協力したりなどする。
(9)　よいことや悪いことがあることに気付き、考えながら行動する。
(10)　友達との関わりを深め、思いやりをもつ。
(11)　友達と楽しく生活する中できまりの大切

関連資料

さに気付き、守ろうとする。
(12)　共同の遊具や用具を大切にし、皆で使う。
(13)　高齢者をはじめ地域の人々などの自分の生活に関係の深いいろいろな人に親しみをもつ。
3　内容の取扱い
　上記の取扱いに当たっては、次の事項に留意する必要がある。
(1)　教師との信頼関係に支えられて自分自身の生活を確立していくことが人と関わる基盤となることを考慮し、幼児が自ら周囲に働き掛けることにより多様な感情を体験し、試行錯誤しながら諦めずにやり遂げることの達成感や、前向きな見通しをもって自分の力で行うことの充実感を味わうことができるよう、幼児の行動を見守りながら適切な援助を行うようにすること。
(2)　一人一人を生かした集団を形成しながら人と関わる力を育てていくようにすること。その際、集団の生活の中で、幼児が自己を発揮し、教師や他の幼児に認められる体験をし、自分のよさや特徴に気付き、自信をもって行動できるようにすること。
(3)　幼児が互いに関わりを深め、協同して遊ぶようになるため、自ら行動する力を育てるようにするとともに、他の幼児と試行錯誤しながら活動を展開する楽しさや共通の目的が実現する喜びを味わうことができるようにすること。
(4)　道徳性の芽生えを培うに当たっては、基本的な生活習慣の形成を図るとともに、幼児が他の幼児との関わりの中で他人の存在に気付き、相手を尊重する気持ちをもって行動できるようにし、また、自然や身近な動植物に親しむことなどを通して豊かな心情が育つようにすること。特に、人に対する信頼感や思いやりの気持ちは、葛藤やまずきをも体験し、それらを乗り越えることにより次第に芽生えてくることに配慮すること。
(5)　集団の生活を通して、幼児が人との関わりを深め、規範意識の芽生えが培われることを考慮し、幼児が教師との信頼関係に支えられて自己を発揮する中で、互いに思いを主張し、折り合いを付ける体験をし、きまりの必要性などに気付き、自分の気持ちを調整する力が育つようにすること。
(6)　高齢者をはじめ地域の人々などの自分の生活に関係の深いいろいろな人と触れ合い、自分の感情や意志を表現しながら共に楽しみ、共感し合う体験を通して、これらの人々などに親しみをもち、人と関わることの楽しさや人の役に立つ喜びを味わうことができるようにすること。また、生活を通して親や祖父母などの家族の愛情に気付き、家族を大切にしようとする気持ちが育つようにすること。

環　境

　周囲の様々な環境に好奇心や探究心をもって関わり、それらを生活に取り入れていこうとする力を養う。

1　ねらい
(1)　身近な環境に親しみ、自然と触れ合う中で様々な事象に興味や関心をもつ。
(2)　身近な環境に自分から関わり、発見を楽しんだり、考えたりし、それを生活に取り入れようとする。
(3)　身近な事象を見たり、考えたり、扱ったりする中で、物の性質や数量、文字などに対する感覚を豊かにする。
2　内容
(1)　自然に触れて生活し、その大きさ、美しさ、不思議さなどに気付く。
(2)　生活の中で、様々な物に触れ、その性質や仕組みに興味や関心をもつ。
(3)　季節により自然や人間の生活に変化のあることに気付く。
(4)　自然などの身近な事象に関心をもち、取り入れて遊ぶ。
(5)　身近な動植物に親しみをもって接し、生命の尊さに気付き、いたわったり、大切に

したりする。
(6) 日常生活の中で、我が国や地域社会における様々な文化や伝統に親しむ。
(7) 身近な物を大切にする。
(8) 身近な物や遊具に興味をもって関わり、自分なりに比べたり、関連付けたりしながら考えたり、試したりして工夫して遊ぶ。
(9) 日常生活の中で数量や図形などに関心をもつ。
(10) 日常生活の中で簡単な標識や文字などに関心をもつ。
(11) 生活に関係の深い情報や施設などに興味や関心をもつ。
(12) 幼稚園内外の行事において国旗に親しむ。
3 内容の取扱い
　上記の取扱いに当たっては、次の事項に留意する必要がある。
(1) 幼児が、遊びの中で周囲の環境と関わり、次第に周囲の世界に好奇心を抱き、その意味や操作の仕方に関心をもち、物事の法則性に気付き、自分なりに考えることができるようになる過程を大切にすること。また、他の幼児の考えなどに触れて新しい考えを生み出す喜びや楽しさを味わい、自分の考えをよりよいものにしようとする気持ちが育つようにすること。
(2) 幼児期において自然のもつ意味は大きく、自然の大きさ、美しさ、不思議さなどに直接触れる体験を通して、幼児の心が安らぎ、豊かな感情、好奇心、思考力、表現力の基礎が培われることを踏まえ、幼児が自然との関わりを深めることができるよう工夫すること。
(3) 身近な事象や動植物に対する感動を伝え合い、共感し合うことなどを通して自分から関わろうとする意欲を育てるとともに、様々な関わり方を通してそれらに対する親しみや畏敬の念、生命を大切にする気持ち、公共心、探究心などが養われるようにすること。
(4) 文化や伝統に親しむ際には、正月や節句など我が国の伝統的な行事、国歌、唱歌、わらべうたや我が国の伝統的な遊びに親しんだり、異なる文化に触れる活動に親しんだりすることを通じて、社会とのつながりの意識や国際理解の意識の芽生えなどが養われるようにすること。
(5) 数量や文字などに関しては、日常生活の中で幼児自身の必要感に基づく体験を大切にし、数量や文字などに関する興味や関心、感覚が養われるようにすること。

言　葉
〔経験したことや考えたことなどを自分なりの言葉で表現し、相手の話す言葉を聞こうとする意欲や態度を育て、言葉に対する感覚や言葉で表現する力を養う。〕
1 ねらい
(1) 自分の気持ちを言葉で表現する楽しさを味わう。
(2) 人の言葉や話などをよく聞き、自分の経験応答し、その言葉を聞くことを通して次第に伝え合う喜びを味わう。
(3) 日常生活に必要な言葉が分かるようになるとともに、絵本や物語などに親しみ、言葉に対する感覚を豊かにし、先生や友達と心を通わせる。
2 内　容
(1) 先生や友達の言葉や話に興味や関心をもち、親しみをもって聞いたり、話したりする。
(2) したり、見たり、聞いたり、感じたり、考えたりなどしたことを自分なりに言葉で表現する。
(3) したいこと、してほしいことを言葉で表現したり、分からないことを尋ねたりする。
(4) 人の話を注意して聞き、相手に分かるように話す。
(5) 生活の中で必要な言葉が分かり、使う。
(6) 親しみをもって日常の挨拶をする。
(7) 生活の中で言葉の楽しさや美しさに気付く。

(8) いろいろな体験を通じてイメージや言葉を豊かにする。
(9) 絵本や物語などに親しみ、興味をもって聞き、想像をする楽しさを味わう。
(10) 日常生活の中で、文字などで伝える楽しさを味わう。

3　内容の取扱い
　上記の取扱いに当たっては、次の事項に留意する必要がある。
(1) 言葉は身近な人に親しみをもって接し、自分の感情や意志などを伝え、それに相手が対応し、その言葉を聞くことを通して次第に獲得されていくものであることを考慮して、幼児が教師や他の幼児と関わることにより心を動かされるような体験をし、言葉を交わす喜びを味わえるようにすること。
(2) 幼児が自分の思いを言葉で伝えるとともに、教師や他の幼児などの話を興味をもって注意して聞くことを通して次第に話を理解するようになっていき、言葉による伝え合いができるようにすること。
(3) 絵本や物語などで、その内容と自分の経験とを結び付けたり、想像を巡らせたりするなど、楽しみを十分に味わうことによって、次第に豊かなイメージをもち、言葉に対する感覚が養われるようにすること。
(4) 幼児が生活の中で、言葉の響きやリズム、新しい言葉や表現などに触れ、これらを使う楽しさを味わえるようにすること。その際、絵本や物語に親しんだり、言葉遊びなどをしたりすることを通して、言葉が豊かになるようにすること。
(5) 幼児が日常生活の中で、文字などを使いながら思ったことや考えたことを伝える喜びや楽しさを味わい、文字に対する興味や関心をもつようにすること。

表　現
　　感じたことや考えたことを自分なりに表現することを通して、豊かな感性や表現する力を養い、創造性を豊かにする。

1　ねらい
(1) いろいろなものの美しさなどに対する豊かな感性をもつ。
(2) 感じたことや考えたことを自分なりに表現して楽しむ。
(3) 生活の中でイメージを豊かにし、様々な表現を楽しむ。

2　内　容
(1) 生活の中で様々な音、形、色、手触り、動きなどに気付いたり、感じたりするなどして楽しむ。
(2) 生活の中で美しいものや心を動かす出来事に触れ、イメージを豊かにする。
(3) 様々な出来事の中で、感動したことを伝え合う楽しさを味わう。
(4) 感じたこと、考えたことなどを音や動きなどで表現したり、自由にかいたり、つくったりなどする。
(5) いろいろな素材に親しみ、工夫して遊ぶ。
(6) 音楽に親しみ、歌を歌ったり、簡単なリズム楽器を使ったりなどする楽しさを味わう。
(7) かいたり、つくったりすることを楽しみ、遊びに使ったり、飾ったりなどする。
(8) 自分のイメージを動きや言葉などで表現したり、演じて遊んだりするなどの楽しさを味わう。

3　内容の取扱い
　上記の取扱いに当たっては、次の事項に留意する。
(1) 豊かな感性は、身近な環境と十分に関わる中で美しいもの、優れたもの、心を動かす出来事などに出会い、そこから得た感動を他の幼児や教師と共有し、様々に表現することなどを通して養われるようにすること。その際、風の音や雨の音、身近にある草や花の形や色など自然の中にある音、形、色などに気付くようにすること。
(2) 幼児の自己表現は素朴な形で行われることが多いので、教師はそのような表現を受容し、幼児自身の表現しようとする意欲を

受け止めて、幼児が生活の中で幼児らしい様々な表現を楽しむことができるようにすること。
(3) 生活経験や発達に応じ、自ら様々な表現を楽しみ、表現する意欲を十分に発揮させることができるように、遊具や用具などを整えたり、様々な素材や表現の仕方に親しんだり、他の幼児の表現に触れられるよう配慮したりし、表現する過程を大切にして自己表現を楽しめるように工夫すること。

第三章　教育課程に係る教育時間の終了後等に行う教育活動などの留意事項

1　地域の実態や保護者の要請により、教育課程に係る教育時間の終了後等に希望する者を対象に行う教育活動については、幼児の心身の負担に配慮するものとする。また、次の点にも留意するものとする。
(1) 教育課程に基づく活動を考慮し、幼児期にふさわしい無理のないものとなるようにすること。その際、教育課程に基づく活動を担当する教師と緊密な連携を図るようにすること。
(2) 家庭や地域での幼児の生活も考慮し、教育課程に係る教育時間の終了後等に行う教育活動の計画を作成するようにすること。その際、地域の人々と連携するなど、地域の様々な資源を活用しつつ、多様な体験ができるようにすること。
(3) 家庭との緊密な連携を図るようにすること。その際、情報交換の機会を設けたりするなど、保護者が、幼稚園と共に幼児を育てるという意識が高まるようにすること。
(4) 地域の実態や保護者の事情とともに幼児の生活のリズムを踏まえつつ、例えば実施日数や時間などについて、弾力的な運用に配慮すること。
(5) 適切な責任体制と指導体制を整備した上で行うようにすること。

2　幼稚園の運営に当たっては、子育ての支援の　ために保護者や地域の人々に機能や施設を開放して、園内体制の整備や関係機関との連携及び協力に配慮しつつ、幼児期の教育に関する相談に応じたり、情報を提供したり、幼児と保護者との登園を受け入れたり、保護者同士の交流の機会を提供したりするなど、幼稚園と家庭が一体となって幼児と関わる取組を進め、地域における幼児期の教育のセンターとしての役割を果たすよう努めるものとする。その際、心理や保健の専門家、地域の子育て経験者等と連携・協働しながら取り組むよう配慮するものとする。

装丁(デザイン)Aya Fujishiro

著者紹介

小尾　麻希子（おび　まきこ）
　神戸大学大学院総合人間科学研究科人間発達科学専攻博士前期課程修了。
　公立幼稚園主幹教諭を経て、現在、武庫川女子大学教育学部教育学科・武庫川女子大学短期大学部幼児教育学科准教授。
　「保育内容総論」「学級担任論（幼）」「幼児教育実践演習」等の授業を担当。
　現在の研究分野：幼児教育カリキュラム、幼稚園教育実践史。

演習形式でわかりやすく学ぶ
「幼稚園教育要領」の要点
―平成29年3月告示「幼稚園教育要領」準拠―

2018年3月30日　初版第1刷発行
2021年1月15日　初版第2刷発行

著　者　小尾麻希子
発行者　菊池 公男

発行所　株式会社 一藝社
〒160-0014 東京都新宿区内藤町1-6
Tel. 03-5312-8890　Fax. 03-5312-8895
E-mail：info@ichigeisha.co.jp
HP：http://www.ichigeisha.co.jp
振替　東京 00180-5-350802
印刷・製本　モリモト印刷株式会社

©Makiko Obi 2018 Printed in Japan
ISBN 978-4-86359-174-5 C3037
乱丁・落丁本はお取替えいたします。